LA GUERRE

DE 1870-1871

RESPONSABILITÉ

DE L'EMPIRE

PAR

M. A. DUCHATEL

Conseiller Municipal

PAILLART (Oise).

AMIENS

Imprimerie Émile CAPON

1877.

LA GUERRE

DE 1870-1871

RESPONSABILITÉ

DE L'EMPIRE

PAR

M. A. DUCHATEL

CONSEILLER MUNICIPAL

PAILLART (OISE).

AMIENS

Imprimerie Émile CAPON

1877.

INTRODUCTION

Tous les jours les partisans de l'Empire prétendent
que les Républicains seuls sont responsables de nos
désastres ; les plus modérés d'entre eux les accusent
tout au moins de la continuation de la guerre, affir-
mant que les ministres de l'Empire, soutenus par les
approbateurs habituels du régime impérial, désiraient
la paix, et l'auraient conclue après Sedan si la
République n'eut pas remplacé l'Empire, le 4 septembre 1870.

Je viens soumettre à mes concitoyens le résultat
des longues et mûres réflexions que j'ai pu faire sur
un aussi grave sujet, leur démontrer, avec preuves à
l'appui, que les hommes de l'Empire sont seuls responsables de nos malheurs et démentir des affirmations mensongères, lesquelles répétées tous les jours
pourraient finir par égarer la conscience d'un grand
nombre de nos concitoyens habitant les campagnes.

Je n'apporte dans ce travail aucune passion, aucun esprit de parti, me bornant à l'exposé fidèle de faits certans qu'ils ont pu, ou ne pas connaître, ou avoir oubliés.

Je m'estimerai très-heureux si j'ai pu contribuer à éclairer leur esprit en leur démontrant que l'Empire, et ses partisans sont seuls responsables de la guerre, de nos désastres et de leurs conséquences inévitables.

A. DUCHATEL,
Conseiller Municipal.

Paillart (Oise) Mai 1877.

LA GUERRE DE 1870-1871

RESPONSABILITÉ DE L'EMPIRE

I

Au mois de mai 1870, l'Empereur, par un plébiscite, demandait au Peuple Français de ratifier les diverses réformes accomplies depuis 1860 ; le but réel était d'obtenir de la Nation une consécration nouvelle de sa dynastie.

Pour obtenir que le Corps électoral répondit oui, tous les moyens de persuasion et surtout d'intimidation furent employés.

L'Empereur adressa, sous forme de lettre, un manifeste que reçut chaque électeur, et dans lequel il disait que voter oui, c'était voter pour la paix, la tranquilité et la prospérité générales. A une immense majorité, la France, confiante dans ces promesses, vota oui ; nous allons voir comment elles furent tenues.

Dans les premiers jours de juillet 1870, le gouvernement impérial apprit qu'un prince prussien, du nom de Hohenzollern, avait reçu de quelques notabilités espagnoles l'offre d'occuper le trône d'Espagne.

Le 6 juillet, il déclara à la Tribune du Corps Législatif qu'il était décidé à s'opposer à cette combinaison. La diplomatie française et prussienne fut mise en mouvement et, dans la séance du 13, le Ministre des affaires étrangères vint annoncer que le prince prussien renonçait au trône d'Espagne.

Par suite, tout danger de guerre semblait avoir disparu, lorsqu'on apprit au contraire que nos relations avec la Prusse étaient plus tendues que jamais.

L'Empereur, qui aurait dû se déclarer satisfait d'un tel résultat, insistait auprès du roi de Prusse par l'entremise de M. Benedetti, notre Ambassadeur à Berlin, pour qu'il prit l'engagement d'empêcher le prince prussien d'accepter à l'avenir le trône d'Espagne, dans le cas où il lui serait de nouveau proposé.

Le roi de Prusse répondait : « l'avenir n'appartient à personne, vous avez obtenu par la renonciation du prince la satisfaction que vous désiriez, restons-en là. »

L'Empereur et ses Conseillers, voulant sans doute la guerre, insistèrent auprès du roi de Prusse qui finit par faire dire à notre Ambassadeur qu'il n'avait d'autre réponse à faire à sa nouvelle démarche que celle qu'il connaissait déjà.

Dans la séance du 15 juillet, M. Émile Ollivier, président du Conseil des Ministres, monta à la tribune et déclara que le refus du roi de Prusse de prendre aucun engagement pour l'avenir avait mis fin à toutes nouvelles négociations, et que le gouvernement allait se préparer à la guerre ; dans ce but, il demandait un crédit de 50 millions pour le vote duquel il réclamait l'urgence.

L'urgence fut votée par tous les Députés nommés par les électeurs sur la désignation et la recommandation des Préfets de chaque département. Seuls, les Députés nommés malgré le gouvernement votèrent contre, et l'un d'eux, M. Girault, motivait ce refus en disant : « nous « serons les premiers à nous lever pour une guerre na- « tionale défendant la patrie, nous ne voulons pas nous « lever pour une guerre dynastique et agressive. »

M. Thiers prit la parole et dit : « quand la guerre sera
« déclarée, il n'y aura personne de plus zélé que moi pour
« fournir au gouvernement les moyens de la rendre victo-
« rieuse ; mais, dans une question aussi grave, devant en-
« traîner la mort de milliers d'hommes, on ne saurait trop
« réfléchir. »

Il démontra ensuite l'inutilité de cette guerre; il exposa
que le gouvernement ayant obtenu la satisfaction qu'il
demandait par la rénonciation du prince prussien devait
se déclarer satisfait ; il s'efforça de prouver que l'occasion
était mal choisie pour faire la guerre ; et enfin, il fit com-
prendre à tous, que, pour la faire, nous n'étions pas prêts.

Son discours fut constamment interrompu par les apos-
trophes les plus violentes. On lui criait : vous êtes la
trompette du désastre.

M. Thiers répondait : « offensez-moi, insultez-moi, je suis
« prêt à subir vos outrages pour défendre le sang de mes con-
« citoyens que vous êtes prêts à verser si imprudemment. »

Il terminait en demandant au gouvernement communication des dépêches sur lesquelles il fondait cette déclaration de guerre.

M. Émile Ollivier déclara, au nom du gouvernement,
qu'en faisant répondre à notre Ambassadeur qu'il ne
pouvait le recevoir, et en mettant fin aux négociations,
le roi de Prusse avait offensé la France, et que cette offense avait été aggravée par la publicité que M. de Bismarck avait donnée à cette réponse.

M. Émile Ollivier déclarait enfin, qu'il acceptait d'un
cœur léger la responsabilité d'une résolution aussi grave.

M. Jules Favre insista, prétendant qu'une guerre aussi
épouvantable ne devait pas être déclarée sur la simple affirmation du gouvernement que la France avait été offensée
par le roi de Prusse, et réclama avec instance la communication de cette prétendue dépêche ; M. Buffet joignit ses efforts pour l'obtenir, et demanda un vote de la Chambre en
vue de l'ordonner.

Au scrutin qui eut lieu, 84 Députés votèrent pour que la communication fut faite, et 159 la repoussèrent.

La séance suspendue à 5 heures 40 fut reprise à 9 heures 30 du soir. Pendant cette suspension, la Chambre nomma dans ses bureaux la Commission chargée d'examiner la demande du gouvernement d'un crédit de 50 millions, dont le vote signifiait l'acceptation de la déclaration de guerre à la Prusse.

A la reprise de la séance, M. le marquis de Talhouët, nommé rapporteur de la Commission, monta à la tribune et dit : « M. le Ministre de la Guerre nous a justifié en peu « de mots l'urgence des crédits demandés, et ses explica- « tions, en même temps qu'elles nous conduisaient à l'ap- « probation du projet de loi, nous démontraient que, par « une sage prévoyance, *les deux administrations de la* « *guerre et de la marine se trouvaient en état de faire face,* « *avec une promptitude remarquable, aux nécessités de la* « *situation.* »

Nous verrons plus tard combien en ce qui concernait le Ministère de la Guerre ces affirmations étaient mal fondées.

M. le marquis de Talhouët ajoutait : « Des pièces chif- « frées ont été mises sous nos yeux, le sentiment profond « produit par l'examen de ces documents est que la France ne « pouvait tolérer l'offense faite à la Nation.

M. Gambetta exposa avec force qu'on ne pouvait se fon- der sur une dépêche injurieuse pour déclarer la guerre, sans que cette dépêche fut communiquée aux représentants du pays.

M. Jules Grévy demanda la parole ; à peine avait-il com- mencé à parler, que de la majorité de la Chambre parti- rent des interruptions inconvenantes et réitérées, telles, que le Président dût demander à la Chambre s'il lui con- venait de laisser l'orateur exposer ses vues ; la parole lui fut retirée, et M. Jules Grévy dût descendre de la tribune en disant: « C'est un digne spectacle que vous donnez à la « France. »

Le projet de loi fut voté à une grande majorité, et quatre jours plus tard l'Empereur déclarait la guerre à la Prusse.

Tout ce qui précède est d'une exactitude rigoureuse, il est facile de s'en convaincre en se reportant au Moniteur officiel de l'Empire, du 16 juillet 1870, dans lequel ces détails ont été puisés.

On recule d'épouvante à la vue d'un gouvernement jetant son pays dans les horreurs d'une guerre affreuse, après le désistement du prince de Hohenzollern, sous le vain prétexte d'une dépêche injurieuse pour la France ; mais que sera-ce lorsqu'on saura que cette dépêche n'existait même pas.

Après la guerre, des explications furent demandées ; plusieurs des personnages, ayant joué un rôle important dans cette funeste aventure, firent en sorte de se disculper.

M. Émile Ollivier et M. de Grammont, ce dernier, Ministre des affaires étrangères, avaient affirmé que le roi de Prusse, en refusant de recevoir notre Ambassadeur, et en rompant ainsi toutes négociations ultérieures, avait insulté la France ; or, il résulte du témoignage de M. Benedetti, Ambassadeur de l'Empire à Berlin, que si le roi de Prusse s'était refusé à conférer personnellement de nouveau avec lui sur ce sujet, il n'en avait pas moins consenti, non-seulement à le recevoir, mais encore à ne point rompre les négociations qui auraient pu encore être poursuivies par son gouvernement.

M. Benedetti adressait en effet cette dépêche au gouvernement français, datée d'Ems, 14 juillet 1870, 3 heures 45 du soir : « Je viens de voir le roi à la gare ; il s'est borné à me « dire qu'il n'a plus rien à me communiquer, *et que les négo-* « *ciations qui pourraient être encore poursuivies seraient* « *continuées par son gouvernement.* Sa Majesté m'a con- « firmé que son départ pour Berlin aura lieu demain matin. »

Cette dépêche, connue du gouvernement, le 14 juillet, n'a pas été communiquée à la Chambre dans la séance du 15.

Quant à la fameuse dépêche injurieuse pour la France, et sur laquelle on avait basé la déclaration de guerre, elle n'a jamais été retrouvée au Ministère des affaires étrangères.

M. de Bismarck en a, de son côté, avant, pendant et après la guerre nié l'existence. M. le duc de Grammont, ancien Ministre des affaires étrangères, interpellé à ce sujet, n'a jamais pu en donner le texte. En outre, M. le baron Lafon de Saint-Mûr, ancien Député bonapartiste, aujourd'hui Sénateur, avec une loyauté qui l'honore, dans une lettre rendue publique, déclarait, l'année dernière, que sa bonne foi avait été surprise par l'assurance que le gouvernement avait donnée qu'il existait des dépêches injurieuses pour la France.

Une polémique récente a établi enfin que MM. de Talhouët, d'Albuféra, de Kératry, et autres membres de la Commission qui, dans la séance du 15 juillet, avaient déclaré qu'ils avaient vu et tenu dans les mains ces dépêches, n'avaient vu en réalité que des dépêches CHIFFRÉES, dont ils n'avaient pu connaître que la traduction que leur en avaient donnée des Ministres intéressés.

Ces développements m'ont paru nécessaires afin de bien établir que la responsabilité de la guerre doit retomber tout entière sur l'Empereur, ses Ministres et la grande majorité du Corps Législatif, composée de Députés nommés par les populations des campagnes sur la désignation et la recommandation qui leur en étaient faites, par les Préfets de chaque département.

II

Etions-nous prêts pour faire la guerre?

A cette question, il est à peine besoin de répondre non. Toutefois, il me paraît utile de montrer combien nous étions loin d'être prêts, et combien par suite est grande la responsabilité de ceux qui n'ont pas craint de la déclarer dans d'aussi mauvaises conditions.

La guerre faite par les Prussiens aux Autrichiens en 1866, et qui avait abouti pour ces derniers à la défaite de Sadowa, avait révélé au monde entier la grande supériorité de l'armée prussienne.

Le gouvernement de l'Empire la connaissait mieux que personne. Notre attaché militaire à l'Ambassade de Berlin, M. le colonel Stoffel, dans des rapports remarquables qui ont été publiés depuis, avait exposé dans tous ses détails l'organisation de l'armée prussienne; il s'était étendu très-longuement sur la composition de l'État-Major, et avait soigneusement fait ressortir la part qui lui revenait dans les victoires remportées sur les Autrichiens. Ses rapports se terminaient toujours ainsi : défiez-vous de l'Etat-Major prussien, à la tête duquel se trouve placé M. le comte de Moltke, homme éminemment capable.

En outre, M. le général Ducrot dans une lettre adressée de Strasbourg, le 6 décembre 1866, au général Trochu, et dans deux autres au général Frossard, la première du 28 décembre 1868 et la seconde du 31 janvier 1869, exposait d'une manière claire et précise l'activité déployée par les Allemands, comparée à l'inertie de notre gouvernement, ajoutant que les Prussiens prétendaient que notre Empereur ÉTAIT TOMBÈ EN DÉMENCE.

La France possédait les éléments nécessaires pour mettre en ligne une armée de 400 mille combattants, mais il eut fallu pour cela traîner les négociations en longueur, et utiliser ce temps à la mise sur le pied de guerre de l'armée française.

Au lieu d'agir avec cette prudence élémentaire, l'Empereur déclara la guerre, n'ayant sous les armes que 250 mille hommes, et sans avoir pourvu à rien, l'entrée en campagne fut par suite signalée par un gâchis inoui qu'ont révélé les dépêches de tous les commandants de corps.

Le lecteur en jugera par les extraits suivants :

Général de Failly au Ministre de la Guerre.

Bitche, 18 juillet 1870.

Envoyez-nous de l'argent pour faire vivre les troupes; les billets n'ont point cours. Il n'y a pas d'argent dans les caisses publiques, et point d'argent dans les caisses des corps.

L'Intendant général à Blondeau, à Paris.

Metz, le 20 juillet 1870, 9 h. 50 du matin.

Il n'y a à Metz, ni sucre, ni cafe, ni riz, ni eau-de-vie, peu de lard et de biscuit. Envoyez d'urgence au moins un million de rations sur Thionville.

Le Général Michel au Ministre de la Guerre.

Je suis arrivé à Belfort. Je n'ai pas trouvé ma brigade ni mon général de division. Que dois-je faire ? je ne sais pas où sont mes régiments.

Général commandant le 4ᵉ corps au Major-Général.

Thionville, le 24 juillet 1870, 9 h. 12 du matin.

Le 4ᵉ corps n'a encore ni cantines, ni ambulances, ni voitures d'équipages pour les corps et les états-majors. Tout est complétement dégarni.

Sous-Intendant au Ministre de la Guerre.

Mézières, 25 juillet 1870; 9 h. 20 du matin.

Il n'existe aujourd'hui dans les places de Mézières et de Sedan, ni biscuit ni salaisons.

Général subdivision au Général de division à Metz.

Verdun, le 7 août 1870, 5 h. 45 du matin.

Il manque à Verdun, comme approvisionnement de siége, vin, eau-de-vie, sucre et café, lard, légumes secs, viande fraîche. Prière de pourvoir d'urgence pour 4,000 hommes.

Ces citations me paraissent suffisantes pour montrer dans quel dénument nos malheureux soldats se trouvaient, avant même que la guerre ne fût commencée.

Ce qui n'avait pas empêché le maréchal Lebœuf, ministre de la guerre, de déclarer que tout était prêt, et qu'il ne manquait pas même un bouton de guêtre.

A qui la faute si nous n'étions pas prêts ?

La réponse sera facile si on se rappelle que la loi sur la garde nationale mobile, votée en 1868, ne fut jamais exécutée.

Au moment de la guerre, on avait formé quelques cadres dans les départements du Nord et de l'Est, habillé quelques bataillons, et ce fut tout.

On avait décidé que les officiers seraient nommés par l'Empereur, sans qu'il fut exigé pour l'obtention d'un grade la moindre garantie d'instruction militaire.

On avait ainsi ménagé aux Préfets des moyens d'influences électorales. On obtenait un grade d'officier quand on était fils d'un haut fonctionnaire, ou d'un électeur influent, ou bien bonapartiste zélé.

On craignait enfin que l'organisation de la garde mobile ne nuisit au plébiscite qu'on avait en vue pour le mois de mai 1870.

Quant aux Députés républicains, ils ne formaient dans la chambre qu'une infime minorité, et ne purent faire accepter aucun de leurs projets, ni empêcher le vote d'aucune loi réclamée par le gouvernement.

C'est ainsi que, pendant dix-huit ans que dura l'Empire, aucune loi ne fut votée malgré lui, et aucune ne lui fut refusée par la grande majorité des Députés complaisants, nommés, comme je l'ai dit, par les campagnes sur la désignation et la recommandation des Préfets.

Il en fut de même pour le contrôle.

Quelques années avant la guerre, un Député républicain, M. Magnin, avait demandé que la Chambre nommât une Commission chargée de vérifier si les approvisionnements qui devaient exister dans les arsenaux s'y trouvaient bien. M. Rouher, alors premier Ministre, s'y opposa, et la majorité par son vote décida qu'il était inutile de vérifier.

Hélas ! au moment de la guerre, combien de Députés ont dû regretter leur docilité envers l'Empire, et combien d'électeurs ont dû reconnaître que ces députés avaient trahi leur confiance.

En présence des faits qui précèdent, est-il encore permis à un homme de bonne foi de prétendre que si nous n'étions pas prêts c'est la faute des Républicains ?

Je laisse au lecteur le soin de répondre.

III

La guerre déclarée, l'Empereur, accompagné du prince impérial, prit le commandement en chef de l'armée. Il nomma le maréchal Lebœuf son major-général.

Ce choix n'était pas de nature à rassurer ceux qu'alarmait la présomptueuse incapacité militaire de l'Empereur. En se rappelant les affirmations du maréchal Lebœuf touchant nos préparatifs de guerre, il était bien permis de craindre que le commandement suprême ne fût placé en de mauvaises mains.

Les faits ne tardèrent pas à justifier ces appréhensions.

Dans les premiers jours d'août, l'armée comptait environ 250,000 hommes divisés en quatre corps. L'Empereur les étendit le long de la frontière sur une longueur de près de 200 kilomètres. La pénurie dans laquelle se trouvait l'armée, manquant d'organisation, de moyens de transport et même de vivres, nous empêcha de prendre l'offensive, et nous força d'attendre l'attaque des Prussiens.

La prise de Sarrebruck, dont on fit grand bruit, ne fut que le signal des hostilités donné par l'Empereur.

Le 4 août, les Allemands profitant de l'éparpillement de nos forces, en écrasèrent une partie à Wissembourg. Le 6, le maréchal de Mac-Mahon était complétement battu à Reischoffen, et forcé de ramener le reste de son corps d'armée au camp de Châlons.

Le même jour, à Forbach, le général Frossard subissait le même sort, sauvant son artillerie, mais laissant entre les mains de l'ennemi, les effets de campement, les bagages, un équipage de pont et tous les approvisionnements entassés dans la gare de Forbach.

Le général Frossard dût se replier sur Metz.

Ces défaites produisirent une émotion pénible sur tous les esprits. Le ministère Émile Ollivier fut remplacé par celui du comte de Palikao, et, sous la pression de l'opinion publique, l'Empereur dût se résigner à abandonner le commandement en chef, qui fut confié, le 13 août, au maréchal Bazaine.

Toutefois, l'Empereur restant de sa personne à l'armée, rien ne se fit sans son autorisation, et on a depuis acquis la preuve que, jusqu'au désastre de Sedan, il a continué de donner des ordres.

Enfin, il quitta le 16 août, le maréchal Bazaine, et escorté d'une brigade de cavalerie, vint rejoindre à Châlons le maréchal de Mac-Mahon qui y réorganisait son corps d'armée.

Cependant trois armées prussiennes s'avançaient sur notre territoire dont deux manœuvraient pour entourer Metz, et couper la retraite au maréchal Bazaine par la route de Verdun.

Celui-ci, au lieu de laisser une forte garnison dans Metz, et de se replier sur le camp de Châlons dès le 15 ou le 16 août, se vit attaqué par les Prussiens le 18, et, après les batailles de Rezonville et de Gravelotte, obligé de s'enfermer dans Metz avec une armée de près de 180,000 hommes, composée de nos meilleures troupes.

IV

L'Empereur arriva au camp de Châlons avec l'espérance que le maréchal Bazaine le suivait avec son armée. On apprit bientôt qu'il n'en était rien. Le 17, un conseil de guerre fut tenu; on décida la retraite sur Paris afin d'avoir le temps nécessaire pour l'organisation de nouvelles troupes.

Ici se place un fait de la plus haute importance, et qui fait peser sur l'Empire une bien grave responsabilité ; l'Impératrice et le Conseil des Ministres avisés de la résolution prise de se replier sur Paris la combattirent vivement, non en en contestant la nécessité au point de vue militaire, mais en invoquant des considérations politiques.

Le maréchal de Mac-Mahon avait déjà commencé son mouvement de retraite en portant son armée de Châlons sur Reims, lorsque M. Rouher, Président du Sénat, arriva au quartier Impérial le 21 août.

Il apportait l'écho des impressions de l'Impératrice affolée, et des Ministres plus coupablement égarés qu'elle. M. Rouher, laissant de côté les intérêts de la défense, s'attacha à prouver que l'Empereur ne pourrait pas se maintenir sur le trône s'il revenait à Paris à la suite de nos défaites.

De son insistance, il résulte que, pour l'Impératrice et ses ministres, il valait mille fois mieux risquer la dernière armée de la France que de compromettre le trône des Bonaparte.

C'est à la suite de cette conférence avec M. Rouher que fut abandonné le projet de se replier sur Paris, et qu'il fut décidé qu'on marcherait en avant coûte que coûte.

A l'appui de ce qui précède, on peut citer une lettre écrite par l'Empereur prisonnier, en date du 29 octobre 1870, au général anglais sir John Burgoyne, et dans laquelle il lui disait : *Vous avez compris que nos désastres viennent de cette cause : que les Prussiens ont été prêts plus tôt que nous, et que pour ainsi dire ils nous ont pris en flagrant délit de formation.*

Revenu à Châlons, j'ai voulu conduire la dernière armée qui nous restait à Paris ; MAIS LÀ ENCORE DES CONSIDÉRATIONS POLITIQUES M'ONT FORCÉ A FAIRE LA MARCHE LA PLUS IMPRUDENTE ET LA MOINS STRATÉGIQNE *qui a fini par Sedan.*

Voilà qui est clair, la France a été sacrifiée au salut de la dynastie.

Il est juste de reconnaître que le maréchal de Mac-Mahon qui, comme militaire, comprenait fort bien le danger d'une marche en avant, ne s'y décida qu'avec peine et au dernier moment. Combien il est fâcheux pour la France qu'il n'ait pas tenu compte de cette maxime de Napoléon Ier : TOUT GÉNÉRAL QUI SE CHARGE D'EXÉCUTER UN PLAN QU'IL TROUVE MAUVAIS OU DÉSASTREUX EST CRIMINEL (1).

On sait ce qui arriva ; les Prussiens, supérieurs en nombre, acculèrent l'armée du maréchal de Mac-Mahon dans la petite place forte de Sedan dont on n'avait pas eu le soin d'occuper les hauteurs environnantes.

Le Maréchal ayant dû résigner son commandement fut remplacé par le général Wimpffen, à 9 heures du matin, le 2 septembre.

Depuis le matin, l'armée française luttait courageusement contre des forces bien supérieures ; le général Wimpffen s'efforçait de maintenir ses troupes voulant tenter un puissant effort contre les Bavarois et s'ouvrir un chemin vers Carignan.

A une heure un quart, il adressa à l'Empereur la lettre suivante :

____

(1). Mémoires de Napoléon Ier. Observations sur les campagnes de 1796, 1797.

Sire,

« Je me décide à percer la ligne qui se trouve devant le
« général Lebrun et le général Ducrot, plutôt que d'être
« prisonnier dans la place de Sedan. Que Votre Majesté
« vienne se mettre au milieu de ses troupes, elles tiendront
« à honneur de lui ouvrir un passage. »

Pour toute réponse l'Empereur fit hisser le drapeau
blanc, et se rendit prisonnier avec 80,000 hommes, livrant
à l'ennemi les drapeaux et tout le matériel de guerre.

V

Pendant que ces événements s'accomplissaient, la Chambre des Députés, dont l'anxiété allait croissant, recevait des
Ministres de l'Empire des renseignements propres à lui
cacher la réalité des choses.

Cependant dans le matinée du 3 septembre, les bruits les
plus sinistres commençaient à circuler dans Paris sur les
défaites qu'auraient éprouvées le maréchal Bazaine d'un
côté, et le maréchal de Mac-Mahon de l'autre.

Dans la séance du Corps Législatif du 3, le comte de
Palikao donna sur les opérations militaires des renseignements qui n'étaient pas favorables mais qui étaient loin de
la triste réalité. Ce ne fut que dans la soirée de ce même
jour que la population de Paris connut toute la vérité ; il y
eut un soulèvement général d'indignation et de colère concentrée.

Jusque-là, chacun s'était fait un devoir de contenir ses
sentiments afin de ne pas entraver l'action du gouvernement, mais il était facile de prévoir que la conduite de la
guerre amenant des défaites successives aurait pour conséquence inévitable une explosion sous laquelle succomberait l'Empire.

C'est ce qui arriva dans la journée du dimanche 4 septembre.

La pensée qui dominait tous les cœurs, était une pensée de haine contre un gouvernement qui avait lancé la France dans une guerre affreuse, sans le moindre motif avouable, sans avoir rien préparé pour la faire, et qui l'avait conduite d'une manière telle que la capitale de la France se trouvait exposée à être d'un jour à l'autre attaquée par l'ennemi.

En présence de l'insuffisance du gouvernement, et on peut ajouter du peu de confiance qu'il lui inspirait, l'opposition, à plusieurs reprises, sollicita la Chambre de nommer une Commission de neuf membres pour surveiller et seconder les ministres dans les mesures qu'ils devaient prendre pour faire face aux nécessités du moment.

Le gouvernement s'y opposa constamment ; inutile de dire que la majorité, selon son habitude, donna tort aux Républicains.

L'Empire c'est l'Empereur répétaient sans cesse ses plus chauds partisans. Ce qui s'accomplissait de bien, on le reportait à la personne du souverain ; en un mot on avait fini par persuader à l'opinion publique que l'Empereur était tout.

Quoi d'étonnant à ce que l'Empereur prisonnier à Sedan, on ait considéré que l'Empire n'existait plus.

Ce sentiment fut tellement général parmi toutes les classes de la société, et même parmi ses plus dévoués partisans, qu'il ne se trouva personne pour élever la voix en sa faveur. L'Empire ne fut pas renversé, il s'affaissa sous le poids de sa responsabilité. Le manque absolu de défenseurs explique pourquoi il n'y eut pas un acte de violence, pas un coup de fusil de tiré.

En proie à la plus vive émotion, la foule, sans armes, se porta au Corps Législatif dans l'après-midi du dimanche 4 septembre ; les soldats de garde laissèrent passer, les tribunes furent envahies, et le Président, suivi de la plupart des députés, quitta la salle des séances. L'Impératrice partit des Tuileries, les ministres abandonnèrent leurs ministères, le Sénat, présidé par M. Rouher, suspendit ses séances au Luxembourg et tout fut dit.

L'Empire n'existait plus.

Pour faire face au danger extérieur et maintenir l'ordre à l'intérieur, il fallait constituer un gouvernement.

Prendre le pouvoir dans une situation aussi critique n'était guère tentant pour les Républicains dont on pouvait ne pas partager les opinions politiques, mais auxquels personne ne contestait ni l'honorabilité, ni le talent, ni le patriotisme.

Certains individus, aussi ardents qu'incapables, et qui plus tard sont devenus les chefs de la Commune, guettaient une occasion favorable pour s'emparer du pouvoir.

Il s'agissait de leur barrer le chemin; c'est ce que firent les députés de Paris en acceptant, non l'honneur, mais le péril du gouvernement.

L'Empire tombé, la place restée vacante, ils se réunirent à l'Hôtel-de-Ville et constituèrent le gouvernement de la Défense Nationale, sous la présidence du général Trochu.

M. Thiers qui, comme député de Paris, devait en faire partie, refusa pensant sans doute rendre plus de services en allant, comme il le fit plus tard, solliciter l'intervention des puissances étrangères.

Un gouvernement qui n'a pas à sa tête un roi ou un empereur héréditaire est naturellement Républicain; c'est ce nom qui fut donné au nouvel état de choses.

VI

L'Empire, dit-on, aurait fait la paix après Sedan si la République n'eut pas été proclamée le 4 septembre.

Examinons la valeur de cette affirmation.

Dans la soirée du 3 septembre, le gouvernement de l'Empire adressa à la France la proclamation suivante qui fut affichée sur les murs de Paris et dans toutes les communes de France. Elle était conçue en ces termes :

PROCLAMATION DU CONSEIL DES MINISTRES AU PEUPLE FRANÇAIS.

« Un grand malheur frappe la patrie. — Après trois
« jours de luttes héroïques soutenues par l'armée du
« maréchal de Mac-Mahon contre 300,000 ennemis,
« 40,000 hommes (en réalité 75,000) ont été faits pri-
« sonniers.

« Le général Wimpffen qui avait pris le comman-
« dement de l'armée, en remplacement du maréchal de
« Mac-Mahon grièvement blessé, a signé une capitulation.

« Ce cruel revers n'ébranle pas notre courage. Paris est
« aujourd'hui en état de défense; les forces militaires du
« pays s'organisent.

« Avant peu de jours, une armée nouvelle sera sous les
« murs de Paris, une autre armée se forme sur les bords
« de la Loire.

« Votre patriotisme, votre union, votre énergie sauve-
« ront la France.

« L'Empereur a été fait prisonnier dans la lutte.

« Le gouvernement, d'accord avec les pouvoirs publics,
« prend toutes les mesures que comporte la gravité de la
« situation.

Le Conseil des Ministres.

Comte DE PALIKAO, CHEVREAU, AMIRAL RIGAULT DE GENOUILLY, JULES BRAME, Prince DE LA TOUR D'AUVERGNE, GRANDPERRET, CLÉMENT DUVER-NOIS, MAGNE, BUSSON-BILLAUT, JÉROME DAVID.

Dans cette proclamation que je cite, non pour la blâmer mais pour l'approuver, les ministres de l'Empire parlaient-ils de faire la paix ? Non, loin de là, puisqu'ils annonçaient

le désir de continuer la guerre énergiquement, en organi-
sant de nouvelles armées.

Ils croyaient, et ils avaient raison, qu'il nous restait des
chances favorables.

L'Impératrice de son côté pensait de même; j'en trouve
la preuve dans une dépêche qu'elle adressait à sa mère,
Mme de Montijo, le 4 septembre 1870, et dans laquelle elle
disait : *Si la France veut se défendre elle le peut.*

Les bonapartistes ont crié depuis, et sur tous les tons,
que les Républicains auraient dû, après Sedan, faire la paix.

Mais eux-mêmes, à cette époque, tenaient-ils ce langage
pacifique ? le lecteur va en juger.

Un de leurs principaux organes, celui qui occupait alors
et qui occupe encore aujourd'hui une large place dans leur
parti, le journal le *Gaulois* ayant alors comme aujourd'hui
pour directeur-gérant M. Edmond Tarbé, après le désastre
de Sedan, contenait ce qui suit :

« Que va-t-il se passer ? En entrant en campagne, le roi
« Guillaume disait : Ce n'est pas à la France que nous
« faisons la guerre ; c'est à l'empereur Napoléon III.

« L'Empereur est prisonnier, que va faire le roi Guil-
« laume? s'il a dit vrai, si ce n'est pas une lutte nationale
« qu'il a engagée contre nous, dans huit jours il ne doit
« plus rester un seul soldat prussien sur le territoire fran-
« çais ; le roi Guillaume a atteint son but.

« Mais si un seul pouce de notre pays est encore en sa pos-
« session après ces huit jours, c'est que le roi Guillaume
« aura menti ; c'est que la chûte de l'Empereur n'était pas
« sa seule volonté ; c'est que *la Lorraine, l'Alsace et la*
« *Champagne* étaient le véritable objet de la guerre.

« Dans ce cas, c'est une lutte A OUTRANCE, une guerre
« nationale, une guerre sacrée qui réclame chacune de nos
« gouttes de sang.

« Pour personne il n'y a plus d'hésitations à avoir! c'est
« la levée en masse guidée par le meilleur des chefs, LA
« RAGE.

« C'est la France tout entière se ruant sur l'ennemi avec
« des fusils si elle en trouve assez, mais aussi avec des
« piques, des bêches, des faulx, des pieux si elle n'a pas
« d'autres armes.

« C'est la province se répandant en nuées de citoyens,
« décidés à sauver la patrie ou à mourir.

« C'est Paris s'ensevelissant sous ses décombres s'il le
« faut, plutôt que de subir la honte de l'asservissement. »

Signé : Edmond TARBÉ.

Ce langage patriotique, loin de le critiquer, je l'admire.
Mais après l'avoir tenu, a-t-on le droit, comme l'ont fait depuis la guerre M. Edmond Tarbé et ses pareils, de reprocher
aux Républicains d'avoir fait ce qu'eux-mêmes réclamaient
alors avec tant d'énergie ?

Après le 4 septembre, la presse fut complètement libre, il
parut à Paris et dans les départements des journaux de
toutes les couleurs ; qu'on en cite donc un seul un peu
connu qui, à cette époque, ait blâmé M. Jules Favre
d'avoir déclaré que nous ne devions céder ni un pouce de
notre territoire, ni une pierre de nos forteresses.

Quand le général Ducrot, le 2 décembre 1870, conduisit
ses troupes contre les Prussiens à Champigny, il leur adressa
cette sublime proclamation dans laquelle il leur disait,
qu'il ne rentrerait dans Paris que mort ou victorieux. Qui
donc eut alors la pensée de l'en blâmer ? personne. Au contraire, cette proclamation fut admirée de tous. C'est qu'alors
chacun comprenait qu'on n'excite pas une nation à la résis-
tance et qu'on ne mène pas des soldats au combat en leur
faisant entrevoir la possibilité de la défaite.

VII

Les membres du gouvernement de la Défense Nationale,
aussitôt leur entrée en fonctions, s'occupèrent avec la plus
grande activité d'organiser nos moyens de défense.

Toutefois, ils ne perdirent pas de vue que la France avait le plus grand besoin de la paix.

Le 17 septembre 1870, alors que Paris était presque entièrement investi par les Prussiens, M. Jules Favre, quoiqu'il dût lui en coûter, prit la résolution d'aller trouver M. de Bismarck et lui demander la paix.

L'entrevue eut lieu au château de Ferrières, propriété de M. de Rotschild à quelques lieues de Paris.

M. de Bismarck lui exposa que la France avait déclaré la guerre à la Prusse, sans motif puisqu'elle avait obtenu la satisfaction qu'elle réclamait par la renonciation du prince prussien au trône d'Espagne; que par suite il pouvait craindre que plus tard elle ne fut tentée de recommencer, et qu'il devait, pour la sécurité de son pays, obtenir de sérieuses garanties.

M. Jules Favre répliqua à M. de Bismarck qu'il ne devait pas confondre la France avec l'Empire ; que ce dernier seul était responsable de la guerre ; que lors du plébiscite du mois de mai, la France en votant oui, avait cru voter pour la paix, et que les malheurs dont elle se voyait accablée étaient bien faits pour la rendre à l'avenir plus circonspecte, et moins confiante dans les affirmations de son gouvernement.

M. Jules Favre reconnaissait que le gouvernement de la Défense Nationale n'était pas en position de traiter de la paix, et il sollicitait un armistice qui aurait permis de faire nommer une Assemblée Nationale, avec laquelle la Prusse aurait pu la conclure.

Il ne pouvait être question entre eux des conditions définitives de cette paix, cependant, dans la conversation, M. de Bismarck déclara à M. Jules Favre qu'il considérait *la possession de l'Alsace et de la Lorraine* comme indispensables à la sécurité de l'Allemagne.

Ceci est confirmé par M. le général Wimpffen ; dans une conférence qu'il eut, avant la capitulation de Sedan, avec M. de Bismarck, parlant des conditions de paix pos-

sibles, ce dernier lui dit : « Que la Prusse avait l'inten-
« tion bien décidée d'exiger, non seulement une indemnité
« de guerre de quatre milliards, mais encore *la cession de*
« *l'Alsace et de la Lorraine.* »

Il ajoutait : « La France nous menace sans cesse, et il faut
« que nous ayons, comme protection solide, une bonne ligne
« stratégique avancée. »

Comme on le voit, la Prusse, après Sedan, avait l'intention
bien arrêtée *de nous dépouiller de l'Alsace et de la Lorraine.*

Un armistice, selon les lois de la guerre, consiste dans
une trêve que signent les deux parties belligérantes pour
un temps limité. Selon ces mêmes lois, les armées de
chaque côté conservent leurs positions respectives, et, à l'ex-
piration du terme fixé pour sa durée, les hostilités recom-
mencent si, dans l'intervalle, la paix n'a pas été signée.

M. de Bismarck refusait l'armistice que sollicitait
M. Jules Favre. Il finit cependant par y consentir. Mais,
dérogeant aux usages de la guerre, il demanda la reddition
de Strasbourg avec sa garnison prisonnière de guerre et la
livraison de toutes les places fortes des Vosges, afin d'assurer la libre communication de l'armée prussienne entre
l'Allemagne et Paris.

De plus, il exigeait qu'on lui livrât plusieurs forts de
Paris *notamment le principal, celui du* MONT-VALÉ-
RIEN. Autrement dit, M. de Bismarck demandait, pour
conclure une suspension d'armes, que la France lui fût
livrée pieds et poings liés, après quoi on aurait nommé une
Assemblée Nationale à laquelle il aurait dicté ses conditions.

La conférence prit fin par le refus de M. Jules Favre de
subir de pareilles exigences. Dans le compte détaillé qu'il
en rendit au gouvernement de la Défense Nationale, et dont
l'exactitude fut confirmée par le rapport de M. de Bismarck
au gouvernement prussien, M. Jules Favre avoue que,
suffoquant de douleur, il ne pût retenir ses larmes. Cette
émotion sera comprise par tous ceux qui ont un cœur vrai-

ment Français; mais ce qui se comprendra moins, c'est que des hommes aient pu, depuis ces événements, être assez aveuglés par l'esprit de parti, pour avoir fait à M. Jules Favre un reproche de ces larmes arrachées à son patriotisme.

VIII

Le lecteur a pu voir, par ce qui précède, par suite de quelles exigences l'armistice ne fut pas conclu. Je dois maintenant examiner si, malgré leur rigueur, le gouvernement de la Défense Natiouale devait subir ces conditions.

On a dû remarquer que l'Impératrice, ainsi que les ministres de l'Empire, considéraient qu'il nous restait bien des chances favorables, puisque, loin de demander la paix après Sedan, ils voulaient continuer la guerre.

Pour s'en rendre un compte exact, il est indispensable de se reporter par la pensée au 15 septembre 1870.

Sans doute nous avions éprouvé de grandes pertes ; une partie de notre territoire était envahie; les armées allemandes arrivaient autour de Paris.

Mais par contre, il convient de se rappeler que l'opinion généralement admise par les hommes de guerre, était qu'en raison de sa circonférence et de ses forts détachés, Paris ne pouvait être bloqué.

100,000 mobiles de la province venaient d'y entrer; on pouvait trouver le même nombre de défenseurs dans la population parisienne ; il y avait en outre la garnison sédentaire, plus 35,000 hommes ramenés par le général Vinoy, la gendarmerie des environs, les douaniers, etc., etc. Tout cet ensemble formait des éléments plus que suffisants pour l'organisation d'une véritable armée.

Il était donc permis alors de croire Paris à l'abri de tout danger.

Le maréchal Bazaine avait à Metz, place forte considérée comme imprenable, 180,000 hommes, l'élite de l'Armée

Française.

L'Empire après avoir déclaré la guerre, n'avait pas employé toutes nos ressources, et la France après Sedan, n'était épuisée ni en hommes, ni en argent.

N'ayant plus à tenir compte d'aucune considération dynastique, tous les efforts de la France allaient converger vers un but commun, le salut de la Patrie.

Malheureusement, ces prévisions furent cruellement démenties par les faits.

Le maréchal Bazaine, dans la capacité militaire duquel chacun avait confiance, non-seulement n'en fit pas preuve, mais encore, pour des motifs politiques, poussa l'oubli de ses devoirs jusqu'à la trahison.

Il me paraît nécessaire de démontrer les conséquences qu'eut sa conduite sur l'issue de la guerre.

Son procès a montré en combien de circonstances le maréchal Bazaine a trahi ses devoirs. Je ne veux signaler qu'un seul des motifs qui l'ont fait condamner à la peine de mort.

M. le général de Rivière, dans son rapport qui a servi de base au procès du maréchal Bazaine, au chapitre intitulé : *Constitution des approvisionnements*, établit qu'en exécutant les réglements militaires, celui-ci aurait dû : 1° faire sortir de Metz toutes les bouches inutiles, et qu'au contraire il a laissé entrer dans la place 20,000 habitants des campagnes ; 2° faire recueillir dans les environs de Metz avant que l'ennemi n'y soit en force, tout ce qu'il aurait pu trouver en grains et fourrages ; en évaluant ce qu'il aurait ainsi amené au dizième de la récolte, il obtenait de quoi tenir un mois de plus ; 3° en rationnant dès les premiers jours de septembre, et en évitant de nourrir les chevaux avec du blé, il obtenait encore de quoi tenir un autre mois de plus, soit deux mois.

La place de Metz, faute de vivres, a capitulé le 23 octobre 1870, et l'armée du prince Frédéric-Charles est arrivée devant Paris, barrer la route au général d'Aurelles de Paladines qui, vainqueur à Coulmiers vers la fin de novembre, allait débloquer la capitale.

Si le maréchal Bazaine avait fait son devoir, Metz aurait tenu jusques fin janvier, mettons si l'on veut fin décembre, empêchant, dans tous les cas, l'armée du prince Frédéric-Charles, retenue devant cette place, d'arriver à temps pour barrer la route au général d'Aurelles de Paladines, et fin novembre Paris aurait été débloqué.

Le général Trochu de son côté, n'ayant pas confiance dans le résultat, n'a su tirer à temps aucun parti des éléments que renfermait Paris, et il ne procéda à leur organisation que contraint et forcé par la population.

Tous ceux qui ont passé le siége de Paris se rappelleront que pour vaincre son inertie, la garde nationale dût faire fabriquer des canons au moyen de souscriptions faites dans les divers bataillons.

L'organisation des bataillons de marche lui fut également imposée, et n'eut lieu que peu de temps avant la capitulation, alors qu'il était trop tard pour en tirer parti.

On pourrait citer tels bataillons dont les officiers ont touché l'indemnité d'entrée en campagne, huit jours environ avant la capitulation de Paris.

A toutes les réclamations qu'on pouvait lui faire, le général Trochu répondait d'un air mystérieux : prenez patience, laissez-moi faire, J'AI MON PLAN.

<h2 style="text-align:center">IX</h2>

Paris ne pouvant être secouru par la province, fut obligé, faute de vivres, de capituler fin janvier 1871, après avoir soutenu un siége de quatre mois et demi.

La France dut subir la loi du vainqueur et céder l'Alsace et la Lorraine, plus, lui payer une indemnité de guerre de cinq milliards, sans compter toutes les réquisitions faites aux communes, et les contributions de guerre imposées aux villes.

L'histoire n'avait pas eu encore à enregistrer pour une nation un aussi grand désastre.

Après cet exposé des faits, exposé rigoureusement exact, défiant toute preuve contraire, peut-on accuser encore les Républicains de la continuation de la guerre, sans en même temps condamner l'Empire qui aurait fait de même ?

Lorsqu'on savait que le roi Guillaume exigeait, pour faire la paix après Sedan, la cession de l'Alsace et de la Lorraine, pouvait-on, sans déshonneur, y consentir, alors surtout qu'il nous restait bien des chances favorables.

Quelle opinion eut eu de nous le monde entier, en voyant une grande nation comme la France sacrifier une partie de ses enfants au vainqueur pour assurer sa propre tranquillité ? Quels sentiments aurions-nous inspirés aux Alsaciens-Lorrains que nous aurions ainsi abandonnés sans lutter jusqu'au bout ?

N'auraient-ils pas eu le droit de nous mépriser ? et de comparer la France à cette marâtre qui poursuivie par une bête furieuse lui jette son enfant en pature pour assurer son propre salut.

Grâce aux efforts que nous avons faits pour échapper à cette douloureuse nécessité, la France conserve l'estime de toutes les nations. Aux yeux des Alsaciens-Lorrains, elle est toujours la mère-patrie, malheureuse, mais non déshonorée.

Il est facile d'être prophète du lendemain, mais j'en appelle à tout homme de bonne foi ; qui donc aurait osé prévoir la conduite de Bazaine ; qui donc aurait pu croire à la trahison d'un maréchal de France ; et on a vu quelle influence elle a eu dans nos revers.

Si les membres du gouvernement de la Défense Nationale avaient subi, après Sedan, les conditions du vainqueur, les mêmes hommes, qui depuis les ont accusés d'avoir continué la guerre, n'auraient pas manqué de leur reprocher d'avoir fait la paix.

Ils auraient énuméré et exagéré même nos chances favorables ; ils auraient fait montre d'un courage qu'ils n'ont pas eu, afin de prouver que les membres du gounémeńt de la Défense Nationale n'avaient remplacé l'Empire que pour trahir la France. Oui, voilà ce qu'ils auraient dit.

Dans nos campagnes on dit souvent : mais l'Empereur a été trahi ! trahi par qui ? ce ne peut être par les Républicains qu'il n'a jamais admis dans ses conseils, et dont jamais il n'a écouté les avis.

Il n'aurait pu l'être que par ceux auxquels il accordait sa confiance. Or, ce sont précisément les conseillers actuels de l'ex-Impératrice et de son fils, et si l'Empire était rétabli en France, les mêmes hommes qui auraient trahi le père deviendraient les ministres et les sénateurs du fils.

On verrait peut-être aussi, le maréchal Bazaine placé à la tête de l'armée, sans doute pour lui donner des leçons de patriotisme.

Pour moi, je tire des faits accomplis cet enseignement, que l'Empire seul est responsable de la guerre et de ses désastreuses conséquences.

Quand je dis l'Empire, je dis d'abord l'Empereur qui, en 1851, a détruit par la force le régime parlementaire en France, pour lui substituer à son profit un gouvernement personnel et despotique.

Je dis ensuite ses ministres et conseillers privés, instruments dociles de la volonté du maître.

Je dis aussi les sénateurs, qui, choisis par l'Empereur, émargeaient au budget 30,000 fr. par an, et 40,000 selon ses convenances.

Je dis enfin tous ces députés complaisants, anciens candidats officiels, nommés par les électeurs des campagnes, sur la désignation et la recommandation des Préfets de chaque département.

Loin de moi la pensée d'accuser les électeurs des campagnes, ils ont été trop confiants, ils ont été trompés ; puissent-ils du moins, éclairés par nos malheurs, se tenir à l'avenir sur leurs gardes, et suivre moins aveuglément les recommandations électorales et intéressées de leurs préfets.

C'est le vœu le plus ardent que je puisse faire dans l'intérêt de notre chère patrie.

A. DUCHATEL,
Conseiller-Municipal.

Amiens. — Imp. Emile CAPON, rue Delambre, 84

www.ingramcontent.com/pod-product-compliance
Lightning Source LLC
Chambersburg PA
CBHW061448050726
47593CB00004B/1510